AF602413

FONTENELLE ET CIDEVILLE

(1742-1757);

CORRESPONDANCE ET DOCUMENTS INÉDITS,

PAR M. A. DE CORDE,

SECRÉTAIRE, POUR LA CLASSE DES LETTRES,
DE L'ACADÉMIE IMPÉRIALE DES SCIENCES, BELLES-LETTRES ET ARTS DE ROUEN.

La correspondance de Fontenelle n'occupe qu'une place assez restreinte dans les diverses éditions de ses œuvres complètes. Plusieurs de ses biographes ont signalé cette lacune, et essayé de la combler[1]. L'Académie impériale des sciences, belles-lettres et arts de Rouen possède dans ses archives quelques lettres qui sont entièrement inédites. Elles appartiennent à la vieillesse de Fontenelle, et sont adressées à Cideville, avec lequel l'illustre secrétaire de l'Académie des sciences entretint pendant longtemps un commerce suivi de relations et de correspondance. Elles se sont trouvées comprises dans les papiers que Cideville a légués à l'Académie de Rouen, à l'établissement de laquelle il avait si puissamment contribué. Nous allons les reproduire ici, en les accompagnant seulement de quelques explications qui les fassent mieux comprendre[2].

Les lettres patentes contenant l'institution, à Rouen, d'une académie des sciences, des belles-lettres et des arts sont datées du mois de juin 1744. Elles ne furent obtenues qu'à la suite de nom-

[1] Voyez notamment M. A. Charma, *Biographie de Fontenelle*, Caen, 1846, in-8°, p. 10 et 63, note 41.

[2] Nous donnons plus de détails sur cette correspondance et sur les relations de Cideville avec Fontenelle dans un travail lu, en février 1868, à l'Académie de Rouen, et qui a pour titre : *Fontenelle, Cideville et l'Académie de Rouen : Correspondance et documents inédits*. La présente notice est un abrégé de ce travail, qui sera imprimé en entier dans le Précis de l'Académie de 1868.

breuses démarches, qui occupèrent plusieurs années. Ce fut Cideville qui se chargea presque entièrement de ces démarches. Il était alors conseiller honoraire au parlement de Normandie, et il partageait ses loisirs entre sa campagne de Launay, près de Duclair, où il séjournait dans la belle saison, et Paris, où il passait, tous les ans, une grande partie de l'hiver. Ami de Voltaire, dont il avait été le camarade de classe au collége Louis-le-Grand, il était également lié d'amitié avec Fontenelle. Il profita de cette circonstance pour intéresser ce dernier au succès d'un projet qui concernait sa ville natale, et sa correspondance témoigne du zèle et de l'activité qu'il déploya dans cette négociation.

Dès le 3 avril 1742, étant à Paris, il avait écrit à Fontenelle pour lui demander de lui faire obtenir une audience du ministre d'État Amelot, auquel il voulait remettre en personne le mémoire ampliatif rédigé dans l'intérêt de l'Académie. Il terminait sa missive par ces mots : « C'est de la part de ce prétendu confrère, qui n'est en vérité qu'à portée d'estre votre serviteur. »

Fontenelle lui répondit sur la lettre même :

« Je ne doutois pas, Monsieur, que je n'eusse l'honneur de vous voir ce matin. Tout estoit arrangé dans ma teste. M. Amelot sera demain apparemment chés lui et donnera audience, et nous irons. Mais, pour le plus sur, je vais y envoyer, et vous aurés de mes nouvelles chés vous. Encore une fois, nous sommes confrères; point de cérémonial. »

Le 12 octobre suivant, nouvelle lettre de Cideville, qui recommande vivement de voir le cardinal de Tencin, promu récemment au ministère, et près duquel l'amitié de Fontenelle avec Mme de Tencin, sa sœur, devait donner un facile accès.

La réponse de Fontenelle est, avec le billet écrit au bas de la lettre du 3 avril, la première des pièces originales que nous possédons. Elle est adressée à *Monsieur de Cideville, conseiller honoraire au parlement de Normandie*. Elle porte la taxe de la poste. L'écriture en est assez mauvaise, mais bien lisible néanmoins et sans rature. Cideville nous apprend, en effet[1], que « Fontenelle ne faisait pres-

[1] Journal manuscrit de Cideville, conservé à la bibliothèque publique de la ville de Rouen, p. 17 et 71.

que jamais de ratures, à la différence de Voltaire, qui corrige et recorrige sans cesse. » Il ajoute que Fontenelle disait quelquefois de lui-même « que deux fées avaient présidé à sa naissance; que l'une avait dit : Tu écriras toute ta vie, et que l'autre avait ajouté : Mais il aura toujours de mauvaises plumes[1]. »

Malgré l'insistance de Cideville, Fontenelle ne s'était point pressé de répondre. Il était, en général, assez négligent à écrire. Il s'en accuse fréquemment dans sa correspondance imprimée[2]. Il commence, cette fois encore, par des excuses sur ce péché d'habitude.

« Eh bien, ne voilà-t-il pas que ma maudite paresse m'a fait remettre de jour en jour, Monsieur, à vous répondre, sous prétexte que je n'avois rien de pressé à vous dire! J'ai des remerciements à lui faire, disois-je. Ils seront aussi bons demain, disoit-elle; et puis c'est le plus galant homme du monde, le plus aisé à vivre; il n'y regardera pas de si près. Bref, au bout du conte, il se trouve que me voici au 17 novembre et que je n'ai pas répondu à une lettre du 12 octobre, qui m'avoit pourtant fait beaucoup de plaisir, circonstance aggravante.

« Il est pourtant vrai au fond que rien ne pressoit. Tout ce que vous me disiés sur des cardinaux ne peut estre traité qu'ici et avec quelque discussion. Vous revenés vers Noël, dit-on, il sera encore temps, et de reste; vous pourriés du lieu où vous estes faire des suppositions qui ne se trouveroient pas exactement vrayes. Nous en parlerons au coin de mon feu.

« Pour vous remercier des peines que vous avés prises pour moi, je vous prierai d'en prendre encore une nouvelle. Ceci est du sublime en fait d'amitié et de confiance, et je ne le hasarderois pas si je ne vous connoissois bien. Je vous prie donc de demander, avant votre départ, à monsieur le président de Monville, s'il voudroit bien

[1] Journal manuscrit de Cideville.

[2] Lettres des 7 août 1729, 23 janvier 1740, 22 juillet 1743, 2 janvier et 25 septembre 1746. (*Œuvres complètes*, édition de 1790, t. VIII, p. 376, 419, 425 et 429.) Voyez aussi les lettres des 17 novembre 1742, 15 septembre 1745, 6 janvier 1747 et 1er septembre 1750, que nous publions. Dans toutes nos citations, nous conservons scrupuleusement l'orthographe des originaux.

m'envoyer encore certaines choses dont il m'a parlé, de mettre dans votre poche ou dans votre valise celles qui seroient extrèmement portatives et de faire mettre les autres au messager ou ailleurs, à mon adresse.

« J'aurois bien encore quelque petite prière à vous faire, mais ce seroit une négotiation bien délicate, et il y faudroit de l'esprit. Il me reste pour tout bien en Normandie une petite rente bien modeste de 110 livres. M. de Monville la connoist avec tous les tenants et aboutissants. Voudroit-il bien la faire recevoir par quelqu'un de ses gens ? Voilà sur quoi il faudroit le sonder bien finement. Vous en sentés-vous capable ?

« Si vous réussissés, je vous promets que, quand nous nous trouverons rivaux ici, je ne vous traverserai guère et ne m'opposerai à vos progrès que par un certain honneur de m'y opposer. Revenés, Monsieur, quoi qu'il en puisse arriver, je vous assure que je me ferai un grand plaisir de votre périlleux retour, et pour vous le prouver, je supprime ici dès à présent toute apparence de cérémonial, quoique vous ne m'en donniés pas l'exemple, qui, dans les bonnes règles, ne devoit venir que de vous.

« De Paris, ce 17 novembre 1742. »

Cideville nous a conservé, avec les originaux des lettres de Fontenelle, les brouillons et quelquefois même les originaux des réponses qu'il lui adressait et qui ont dû lui être rendus par les légataires universels de Fontenelle, après la mort de celui-ci. Il répondit, le 17 janvier 1743, qu'il avait réussi dans sa négociation auprès de M. de Monville, que l'abbé L'Herminier, ancien précepteur du président, se chargeait de recevoir la rente, que lui-même porterait à Paris les commissions demandées, mais qu'il ne pouvait s'y rendre que dans un mois. « Qu'il y a loin encore, disait-il, en terminant, au samedy où je dois dîner à costé de vous et vis-à-vis la charmante Mme Dupin[1] ! »

L'établissement de l'Académie de Rouen, instituée enfin par lettres patentes du mois de juin 1744, vint apporter un nouvel

[1] La femme du fermier général Claude Dupin, amie de Fontenelle, célèbre par sa beauté et son esprit.

aliment à la correspondance. Nous voyons, par les papiers de Cideville, qu'il entretenait Fontenelle de ce qui s'était passé dans les séances publiques ou particulières de la société, qu'il lui rendait compte des lectures qu'on y avait faites, qu'il soumettait même à ses critiques les travaux qu'il se proposait d'y produire. Fontenelle, comme nous l'avons dit, tardait quelquefois à répondre; mais il s'en excusait si bien quand il reprenait la plume, que son correspondant ne pouvait lui tenir rigueur. Comment, en effet, n'eût-il point été désarmé par une lettre comme celle-ci?

« Il est vrai, Monsieur, que je suis en fait de lettres un infame paresseux, qui écrit peu, répond peu et tard, et ne mérite pas qu'on lui écrive. Je me rends, comme vous voyés, assés de justice. Cependant je ne suis plus tout à fait juste quand on me traite comme je l'ai mérité et j'en suis affligé comme d'un tort qu'on m'auroit fait. Je vous laisse à faire l'application de ceci. Je suis d'ailleurs véritablement fâché d'estre si longtemps sans savoir de vos nouvelles. Que vous me punissiés, passe: mais ce seroit pis sans comparaison, si vous estiés indisposé ou occupé de quelques affaires désagréables; encore pis, du moins pour moi, si vous alliés ne pas revenir dans le temps accoutumé. Voilà autant d'articles sur lesquels je vous demande un mot d'éclaircissement. Tachés de faire un acte de générosité. Je pourrois pourtant bien vous dire qu'il ne seroit pas si héroïque. Je crois en vérité que vous estes à la teste de ceux avec qui j'en ai le mieux usé en toute ma vie, et je crois qu'en cas de besoin il me seroit permis de vous appeller ingrat.

« De Paris, ce 15 septembre 1745. »

Une circonstance qui, mieux que toute autre, fait saisir le caractère d'intimité qui existait entre Fontenelle et Cideville, c'est qu'ils ne manquaient guère de s'adresser, vers le commencement de chaque année, des souhaits et des compliments de nouvel an. A partir de 1744, Cideville avait pris l'habitude d'y joindre l'envoi d'un produit local que, en sa qualité de Rouennais et de gourmet (Fontenelle avoue même qu'il était un peu gourmand[1]), le desti-

[1] Lettre à Mme de Forgeville du 29 juillet 1745. (*Œuvres complètes*, édition de 1790, t. VIII, p. 247.)

nataire devait parfaitement accueillir. C'étaient deux douzaines de pots de gelée de pommes, pris à la source, chez une confiseuse de la rue Grand-Pont, dont Cideville, dans une de ses lettres, décrit les charmes à son correspondant avec une verve toute juvénile. Nous avons cinq lettres de Fontenelle où il est plus particulièrement question de ce succulent cadeau. Nous les transcrivons dans l'ordre de leurs dates.

« Monsieur (car, afin que vous le sachiés, je plante là ce *Monsieur* par représailles),

« Les pommes n'ont point besoin de se faire accompagner par de la mithologie, ni par de l'érudition; leur mérite est trop réel et trop solide. Mais il faut vous passer cela, parce que vous abondés en ces sortes de choses, ce qui n'est pas au fond un grand mal. Vos pommes ont encore un grand mérite, c'est que, quoiqu'elles soient nées et natives d'un pays fort intéressé, et qu'elles ne passent pas ordinairement en forme de présent dans des mains etrangères sans de bonnes raisons, elles sont cependant aujourdui les plus honnestes pommes et les plus désintéressées qui puissent jamais estre. Assurément elles n'attendent rien de moi, qui ne suis rien et ne puis rien. A parler très-sérieusement, Monsieur, je suis fort touché de cette marque de votre amitié, sur laquelle je contois déjà avec une extrème satisfaction.

« Mais quand revenés-vous? Je vous aurois reçu avec encore plus de plaisir, Dieu me pardonne! que votre boiste. Dites-moi, je vous prie, quelque chose de positif, ou à peu près, sur votre retour.

« J'ai reçu une réponse de notre Académie, très-obligeante et très-bien tournée, trop flateuse pour moi à la vérité; mais cela se pardonne aisément, et tout le monde est prince ou roi sur cet article. Je vous supplie d'en vouloir bien remercier pour moi la compagnie et en particulier M. Guérin, que je voi par cet échantillon qui sera un excellent secrétaire. Je vous félicite d'avoir pu faire un si bon choix.

« J'ai esté fort édifié du détail de votre première assemblée publique. L'Académie des sciences de Paris, oui de Paris, auroit esté fort contente d'une pareille séance. Vous le prenés sur un haut ton, Messieurs, Dieu vous y maintienne. C'est ce que je vous souhaite pour la bonne année, et à vous, Monsieur, en particulier, gayeté, prospérité, toujours vos mêmes agréments et la même bonté pour moi. Je fais réflexion que, par ces derniers mots, c'est à moi que je souhaite la bonne année. Mais voilà comme on est fait : l'amour-propre ne peut pas s'oublier.

« De Paris, ce 31 décembre 1744. »

« Voici précisément la première action de mon année, si ce n'est que par esprit de chicane on voulust dire que celle de sortir de mon lit l'a précédée. C'est avec grand plaisir que je commence l'année par vous, mon cher Monsieur; puissai-je la finir aussi heureusement! Qui pourroit me le garantir m'obligeroit beaucoup. Je m'aperçoi que, au lieu de faire des souhaits pour vous selon l'usage très-sensé de ces jours-cy, je n'en fais que pour moi. Voilà bien l'amour-propre; mais il nous fait souvent des tours bien plus mauvais et qu'il ne faut pas laisser de lui pardonner. Le mien est d'autant plus excusable que vous venés encore tout récemment de le nourrir et de le fortifier avec de jolis vers que je vous assure qu'il a bien savourés. Des pommes et des vers, c'est chère entière; il y a là de quoi satisfaire l'homme spirituel et l'homme charnel, et ces deux Messieurs dont je suis composé reconnoissent d'une commune voix qu'ils vous sont très-obligés et seront à jamais

« Vos très-humbles et très-obéissants serviteurs.

« De Paris, ce 1er janvier 1746.

« Le sens commun me revient. Laissés là tout le galimatias précédent et dites-moi le plus précisément qu'il se pourra quand vous serés ici. »

« Je ne suis point un ingrat, Monsieur, quoiqu'il soit vrai que je ne vous ai pas marqué la reconnaissance que je vous doi, je ne suis pas même un paresseux, ce qui seroit plus vraisemblable et est souvent vrai; mais je suis un créancier exact, qui ne veux donner quittance qu'après avoir bien réellement reçû. Il y a si peu d'ordre dans la messagerie de Roüen, qu'il a falu y envoyer quatre ou cinq fois avant que d'en pouvoir retirer la caisse que je ne reçûs qu'hier au soir, et en voici la quittance. Car je conte que c'est désormais une dette, et, s'il vous arrivoit d'y manquer, vous auriés aussitost un sergent. Si vous le trouvés mauvais, prenés-vous-en à la répétition si régulière de la même faveur. Je ne sai même si je n'exigerai pas aussi qu'elle soit toujours accompagnée de jolis vers, ou, pour mieux dire, les jolis vers accompagnés de la caisse, car ils doivent tenir le premier rang chés nous autres gens d'esprit et académiciens. Cependant voici une réflexion qui me vient. La confiseuse de la rüe Grand-Pont pourroit bien donner à la caisse un certain prix qui feroit équilibre avec les vers. En vérité cela me tient en suspens, et je ne sai plus où j'en suis. Je me déterminerai quand j'aurai mangé de la caisse et reconnu l'effet que vous m'annoncés des mains de la jolie confiseuse. Je vous le dirai au juste.

« J'espère que vous serés ici dans le mois prochain. C'est le plus long terme qu'on puisse vous donner. Mme Du Bocage, que j'ai reçüe sans vous et que je conte bien de revoir avec vous, pense ainsi[1]. Je ne doute pas qu'il n'y en ait encore quelques autres, ou, ce qui seroit encore plus, quelque autre qui souhaite votre retour. J'ai écrit à M. de Monville, et le rien que j'ai là sera apparemment en état.

« Oserois-je vous supplier ici d'assurer notre Académie de mes très-humbles respects, à ce renouvellement d'année ?

« De Paris, ce 6 janvier 1747. »

[1] Mme Du Bocage, née à Rouen en 1710, avait remporté, en 1746, le prix de poésie proposé par l'Académie de Rouen. En 1748, elle publiait son poëme, imité de Milton, sur le *Paradis terrestre;* en 1749, sa tragédie des *Amazones.* Dans sa lettre du 8 septembre 1749 (ci-après p. 493), Fontenelle l'appelle *l'illustre Amazone,* par allusion à cette tragédie. Voltaire, dans une lettre à Cideville du 29 août 1746 (édition Dupont, t. LVIII, p. 405), lui donne le titre de *Sapho de Normandie.* Cideville disputait à Fontenelle l'honneur de célébrer sa beauté et ses talents, comme on peut en juger par les vers suivants que nous copions sur son Journal, année 1748, p. 125 :

Peut-on voir tant d'attraits et ne pas être tendre ?
Peut-on lire vos vers et ne pas admirer ?
Vous forcés l'esprit à se rendre
Et le cœur à vous adorer.

Voyez aussi le madrigal de Fontenelle, que nous transcrivons ci-après, p. 11.

« Vous m'avés envoyé bien sèchement, Monsieur, de succulentes étrennes; pas un seul petit mot d'écriture pour les accompagner. D'ailleurs vous estiés déjà extremement en reste avec moi. Combien y a-t-il de mois, car c'est par mois qu'il faut conter avec vous, que vous avés reçû les vers sur la Greque[1] ? Et où est la réponse? Cependant il faut avoüer que, à la vue des pommes, je n'ose ni ne puis gronder; elles me désarment, tant l'amour de la patrie a de pouvoir sur moi. Il y a peut-estre bien encore un autre sentiment qui agit; c'est lui qui me fait quelquefois conter combien il y a d'ici au mois de février 1749. Mais, dès que j'y fais réflexion, j'interromps le calcul. Par la même raison, je vais finir ma lettre sans aucun cérémonial; je craindrais de déroger à la dignité d'homme faché.

« De Paris, ce 20 novembre 1748. »

« Votre présent devient si régulier que, si vous n'y prenés garde, il se changera en une dette exigible, et que, si vous y manqués désormais, je vous envoyerai le sergent. Je vous en avertis, c'est ici pour la dernière fois que je le recevrai avec toute la reconnaissance due à un pur don. Cela n'empèchera pas que je ne souhaite beaucoup de vous revoir ici au mois de février prochain et que je ne vous embrasse de tout mon cœur. Mais le froid m'empèche de vous en dire davantage. Soyés bien sur que je sens tout ce que vous valés et tout le prix de l'amitié dont vous m'honorés. Voilà que je tombe sans y penser dans le vrai sérieux.

« Ce 28 novembre 1749. »

Fontenelle ne se bornait pas toujours à répondre en prose. A l'exemple de l'expéditeur, il employait quelquefois la forme poétique pour accuser réception. Nous trouvons dans les papiers de Cideville les quatrains suivants, datés de 1747 et écrits en entier de la main de Fontenelle.

Aux lieux où nous prismes naissance
On prise plus qu'ailleurs le don que je reçoi;

[1] C'est l'énigme sur Mlle de Lascaris. Nous en parlons ci-après, p. 11.

Mais ma tendre reconnaissance
Par tout pays seroit de bon alloi.

Vous revenés au mois de février :
J'en ai la certitude entière.
Jadis en ce mois-là je vins à la lumière.
Ce sera feste double en mon calendrier.

Si vous êtes surpris de voir couler ces vers
Avec cette triste abondance,
C'est que les ans m'ont mis la cervelle à l'envers
Et que je retourne en enfance.

Ce 19 décembre 1747.

Deux mois plus tard, Fontenelle allait atteindre quatre-vingt-onze ans révolus. Cideville nous apprend que, même après cet âge, « il faisoit souvent des vers dans sa chaise en allant par les rues[1]. » On trouve dans ses Œuvres complètes (édition de 1790, t. V, p. 236) les vers qu'il composa, à quatre-vingt-seize ans, sur M. de Vallière. Le Journal de Cideville nous fournit encore les pièces inédites suivantes, datées de 1752, 1753 et 1754.

On ne sait comment ni par où
Au suprême bonheur ici-bas on arrive.
Cette maxime est décisive :
L'heureux est jeune, riche et fou.

Dans un chemin poudreux un char alloit le trot;
Une mouche s'y vint asseoir sur son derrière,
Et, se rengorgeant, dit ce mot :
Oh! que j'élève de poussière!

Qu'Iris a rassemblé de beautés et de grâces !
Qui réunit jamais tant de présents des Dieux ?
Ô Vénus, si tu la surpasses,
Descends du ciel pour convaincre nos yeux.

[1] Journal manuscrit de Cideville, p. 152.

L'Amour ayant choisi le plus parfait burin
Dont il eût jamais fait usage,
A sur mon tendre cœur gravé la double image
De Mademoiselle Morin
Et de Madame Du Bocage.

On a vu, dans la lettre du 20 novembre 1748, que Fontenelle avait envoyé à Cideville *ses vers sur la Greque*. Il s'agit de l'énigme sur Mlle de Lascaris, qui est imprimée dans ses Œuvres complètes (édition de 1790, t. V, p. 277). Cideville lui avait demandé cette pièce dont on parlait beaucoup en Normandie, à cause de la parenté de l'héroïne avec le premier président; et, pour piquer d'honneur son paresseux correspondant, il lui avait envoyé lui-même un compte rendu en vers d'une séance publique de l'Académie de Rouen, dans laquelle on avait exposé deux bustes offerts par Le Moyne, celui du roi et celui de Fontenelle. Il reçut, en échange, la lettre suivante, qui est inédite, et en tête de laquelle se trouvait l'énigme demandée, écrite de la main de l'auteur, avec le commentaire qui en donnait l'explication.

« Voici, Monsieur, les vers promis et le petit commentaire qu'ils demandent. Vous y apprendrés avec plaisir, à ce que j'espère, que la Beauté de l'énigme tient d'assez près à votre ou plustost à notre Académie, puisqu'elle est nièce du chef[1]. M. de Viarme, son frère, qui est ici, homme d'un très-aimable commerce, favorisa mon amour, et j'espère que M. le P. Président en feroit autant. Dieu merci, je ne suis pas suspect aux familles. Ce n'est pas ma vanité qui dit ce *Dieu merci* là.

« Je sens bien que c'est M. Le Moine, et non pas moi, qui a occupé une de vos séances, mais c'est encore bien assés pour moi surtout avec le terrible et très-terrible compagnon que j'avois là. Vos vers sur le sujet sont très-jolis, vifs et légers. Je les garde avec tous les autres que j'ai reçus de vous dans quelques lettres, quelquefois même accompagnés de petites dissertations.

[1] Geffroi Macé Camus, sieur de Pontcarré, alors premier président du parlement de Normandie, et président de l'Académie.

« J'ai fait un des compliments dont vous me chargés, et vous en estes très-humblement remercié; je ferai bientost l'autre[1].

« Pour me rendre la pareille, je vous prie de faire aussi les miens à M. L'Herminier : il aura peut-estre quelque chose à me dire sur la très-petite affaire qui lui reste[2].

« J'ai reçu de la part de M. de Prémagni[3] une liste de notre Académie, dont je vous prie de permettre que je le remercie ici. Pour vous, Monsieur, je n'ai plus rien à vous dire que ce que je me flate que je vous dirois inutilement et qui sera toujours de la même vérité.

« De Paris, ce 5 septembre 1748. »

L'année 1749 nous fournit deux lettres écrites par Fontenelle à l'occasion de la réception de Vauréal, évêque de Rennes, nommé membre de l'Académie française, en remplacement du cardinal de Rohan, et auquel Fontenelle avait été chargé de répondre comme directeur. Malgré ses quatre-vingt-douze ans bien sonnés, Fontenelle ne s'était pas contenté d'écrire sa réponse à la harangue du récipiendaire; il avait encore composé, pour cette séance, un second discours, dans lequel il recommandait l'observance rigoureuse de la rime aux jeunes poëtes qui venaient briguer les prix proposés par l'Académie.

La première de ces deux lettres est antérieure de quelques jours à la séance de réception; la seconde, qui la suit immédiatement, accuse la fatigue qu'une tâche aussi laborieuse avait amenée pour le doyen des Académies.

« J'ai attendu à répondre, Monsieur, à votre tardive lettre que je fusse sorti d'une besogne qui m'embarrassoit, non tout à fait sans

[1] Cideville l'avait chargé d'assurer « ses très-humbles compliments » à M. d'Aube, neveu de Fontenelle, chez lequel celui-ci demeurait, et « son respect » à Mme la princesse de Rohan.

[2] Il s'agit de la rente de 110 livres dont il était déjà question dans la lettre du 17 novembre 1742.

[3] M. de Prémagny, échevin, secrétaire de l'Académie de Rouen pour le département des belles-lettres.

raison. Le plus fort pour moi en est fait, le reste dépend de ce diable de public, que je crains toujours plus que jamais : ma poltronnerie augmente avec l'âge. Pour vous parler net, je viens de finir la harangue que je ferai dans quelque douze jours d'ici, quand M. l'evéque de Rennes sera reçu à l'Académie françoise, à la place du cardinal de Rohan. Si vous aviés esté ici, vous m'auriés donné des conseils et si bons, que peut-estre eussiés-vous esté tenté, tout honneste homme que vous estes, de ne m'en pas garder le secret; mais qu'importe? J'en aurois toujours profité. Enfin cela est fait vaille que vaille, et j'espère que je ne tasterai plus de ces angoisses-là.

« Et ces petits vers à ma loüange que vous deviés finir, vos petites métairies vous les ont-elles fait oublier? Je les finirois plustost moi-même, en cas de besoin. Ils sont trop jolis et trop singuliers pour en rester là.

« Et M. L'Herminier, l'avés-vous oublié aussi? C'est là une des petites métairies à moi. Mais, indépendamment de cela, je lui doi beaucoup de reconnoissance, et je vous serois bien obligé de vouloir bien l'en assurer de ma part. S'il se lasse de ma très-petite affaire, je serois bien aise de savoir du moins où cela en est, et ce qu'il faudra que je fasse.

« Si vous estes en quelque commerce avec M. Du Bocage, comme il y a toute apparence, je vous supplie de le faire souvenir de moi, lui et l'illustre Amazone.

« J'ai reçû de la part de M. l'abbé Yart, votre confrère et fils, puisqu'il est de votre Académie de Roüen, une traduction de poëtes anglois, dont je suis très-content, non de la fidélité, vous savés pourquoi je n'en juge pas, mais du stile, qui est très-pur et très-naturel et très-exact. Je juge même par de courtes notes de l'auteur que la traduction est fort fidelle. C'est une jolie invention, et qui doit estre imitée, que de remettre ainsi sous les yeux du lecteur tout l'extraordinaire de l'original qui autrement auroit esté perdu. On est à très-peu près aussi avancé que si on avait sû la langue de cet original. Mes remerciements, je vous prie, à M. Yart, si vous le voyés [1].

[1] L'abbé Yart, né à Rouen en 1710, mort en 1791, fut successivememt curé

« Voilà une longue lettre, contre mon ordinaire. Ce sont en partie vos omissions qui en sont cause, mais beaucoup plus le plaisir que je prends à vous parler. Adieu, mon cher Monsieur, je vous embrasse de tout mon cœur.

« De Paris, ce 8 septembre 1749. »

« Je sors de tout ce tracas de réception, de discours, qui a esté plus grand qu'il ne méritoit. Dès hier que les imprimés parurent, l'Académie n'en ayant point encore, j'envoyai chés M. Du Bocage savoir si on pouvoit lui envoyer chés lui un petit paquet, qui auroit esté composé de trois imprimés, dont un pour vous. Il me fut répondu que l'on n'avoit aucune voye pour cela. Indiqués-m'en quelqu'une et vous les aurés dans le moment. Je remets tout le reste à une autre fois. Je suis las comme un chien, et vous embrasse de tout mon cœur.

« 29 septembre 1749. »

La lettre du 8 septembre 1749 parle de *petits vers à la louange de Fontenelle,* que Cideville avait composés. Il s'agit d'une pièce fugitive dans laquelle Cideville avait entrepris d'esquisser le tableau des occupations et des passe-temps qui remplissaient d'ordinaire *la journée de M. de Fontenelle*[1]. Il avait communiqué à son illustre ami « ces détails d'un seul de ses jours qu'il avoit esté, disait-il, bien des mois à ébaucher. » Mais il n'en était pas très-satisfait lui-même, et Fontenelle l'avait aussi engagé à revoir la pièce et à la retoucher. Voici, en effet, ce qu'il lui en avait écrit dès le commencement de 1749 :

« Quoique la petite pièce de vers ne soit que la représentation d'une de mes pauvres journées, 365 répétées dans le cours d'un an, elle est cependant très-agréable par les tours, par les expressions,

de Saint-Martin-du-Vivier, près de Rouen, puis du Saussay. Il est principalement connu par un ouvrage intitulé : *Idée de la poésie angloise,* qui fut l'objet d'une critique fort amère de la part de Fréron.

[1] Tel était le titre de cette pièce, composée seulement sur deux rimes.

sans conter ce qui me flate moi en particulier et qui ne plairoit peut-estre pas tant aux autres. J'ai esté tenté d'en donner des copies et d'envoyer cela au *Mercure*. Mais je croi qu'il y a quelques vers à retoucher, et comme rien ne presse et que vous revenés le mois prochain, nous en parlerons quelques moments ensemble.

« Vous revenés donc, à mon très-grand contentement. Cependant, comme il y a toujours quelque petit *mais* pour le moins à toutes les choses d'ici-bas, vous logerés plus loin de moi.

« Je vous prie de vouloir bien, avant que de quitter Roüen, faire mes compliments à M^rs les abbés L'Herminier et Cuquemelle, et leur demander s'ils n'ont rien à me faire savoir sur un atome d'affaire à moi qu'ils ont encore entre les mains.

« Tout ce que j'aurois à vous dire pour vous ici, je me flate qu'il est dit.

« Ce 10 janvier 1749. »

La Journée de M. de Fontenelle n'a jamais été achevée. Les brouillons de Cideville attestent qu'il y travaillait encore en février 1751. Mais, malgré ses efforts, la pièce ne lui a pas paru à la hauteur du sujet, et il l'a prudemment conservée en portefeuille.

L'*atome d'affaire* dont il est question dans la même lettre se rapportait à la succession d'un frère puîné de Fontenelle, décédé chanoine de la métropole de Rouen, le 6 novembre 1741. La liquidation de cette succession, confiée aux soins du président de Monville, n'était pas encore terminée lors du décès de ce dernier en 1747. Il restait à réaliser quelques meubles, et il y avait surtout une somme de 300 livres à payer à un certain abbé Cuquemelle, créancier de la succession. Ce petit règlement embarrassait Fontenelle, et il désirait beaucoup employer à l'extinction de cette dette la petite rente de 110 livres que l'abbé L'Herminier, précepteur du président, était chargé pour lui de recevoir, afin de n'avoir point d'argent à envoyer en Normandie.

Nous avons trois lettres écrites à Cideville à ce sujet.

« Voici, Monsieur, une triste occasion qui interrompra votre long silence, la mort de M. le président de Monville, que je regrette de tout mon cœur et très-sincèrement. Il avait eu la bonté de prendre soin de mes petites affaires quand mon frère mourut, et il est encore resté entre ses mains quelques effets de cette succession qui n'ont point esté vendus, dont le principal et peut-estre l'unique est un nombre assés considérable, m'a-t-on dit, de livres *appellants*[1] assés bien choisis, et d'autant plus difficiles à transporter de Roüen ici. Je vous supplie de voir un peu sur cela M. L'Herminier ou enfin tel autre qu'il faudra voir. J'ai écrit à M. L'Herminier dès que j'ai su la mort. Mais vous jugés bien que je ne lui parlois pas d'affaires. Voilà tout; vous voyés d'un coup d'œil tout ce que je puis vous demander, et je vous le demande avec toute la confiance de l'amitié. Une autre fois je me plaindrai que des vers même qu'on vous envoye ne puissent pas arracher de vous une parole. Réponse, s'il vous plaist, Monsieur, ne fust-ce que pour m'assurer que ma lettre a esté reçüe.

« De Paris, ce 16 novembre 1747. »

« Il y a déjà longtemps, Monsieur, que je vous ai remercié du tribut très-volontaire et très-régulier qui me fut annoncé par une lettre d'une main et d'un nom inconnus. Vous devés avoir reçû cette mienne réponse, et il y a quelque défaut de mémoire de votre part. Je reçoi votre lettre du 28 décembre, et je vous félicite de votre zèle pour la patrie, dont je suis très-édifié, et des succès heureux, dont je suis très-aise. Ils ne le sont pas toujours tant en ce bas monde. Je n'insisterai pas sur tout cela. J'ai une grande affaire dans la teste, pour laquelle je m'adresse à vous avec une extrême confiance.

« Il faudra que je paye dans peu 300 livres entre les mains de M. l'abbé de Cuquemelle, chanoine de Rouen, pour une affaire de la succession de feu mon frère; il vous dira ce que c'est, car je suppose indubitablement que vous aurés la bonté de le voir.

« Pour faire ces 300 livres, je vous prie de voir aussi M. l'abbé L'Herminier et de savoir de lui en quel estat est une très-chétive re-

[1] On appelait ainsi les livres jansénistes publiés contre la bulle *Unigenitus*. (Voyez l'*Encyclopédie*, au mot APPELANTS.)

cette qu'il a la bonté de faire pour moi, de quoi je le remercie de tout mon cœur.

« Je ne présume nullement qu'il puisse avoir entre les mains de quoi faire cette grosse somme de 300 livres; mais ce qui y manquera, savés-vous où vous le prendrés? Dans votre bourse, Monsieur, et quand vous serés ici, on verra à vous le rendre à sa grande commodité.

« Sérieusement je vous demande en grace la plus prompte réponse qu'il se pourra.

« De Paris, ce 29 décembre 1749. »

Cideville s'acquitta consciencieusement de la double mission qui lui était confiée. Quelques mois après, il réglait tous les comptes, renseignait Fontenelle sur la solvabilité d'un autre de ses débiteurs, un sieur Le Veneur, dont la famille était originaire de Normandie, et, joignant toujours la littérature aux affaires d'intérêt, il lui écrivait, le 6 août 1750, pour lui annoncer l'heureuse issue de son mandat et pour lui faire le récit de la dernière séance publique de l'Académie, dans laquelle la lecture d'un mémoire sur l'union qui doit exister entre les savants et les gens de lettres avait amené les allusions les plus délicates et les plus flatteuses pour l'illustre associé de l'Académie de Rouen.

Fontenelle répondit le 1er septembre :

« Du 6 aoust au 1 septembre il y a un peu loin, j'en conviens, mais du jour de votre départ de Paris, dont je ne sai pas précisément la datte, au 6 aoust, il y avoit certainement encore plus loin. Ne nous faisons point de procès l'un à l'autre, mon cher Monsieur, sur un défaut que nous possédons tous deux. Il est vrai que je pourrois bien l'avoir à un degré supérieur, et que, de plus, vous pourriés prétendre le tenir de moi.

« Je vous remercie de votre attention à ma très-petite et presque nulle affaire de M. L'Herminier. Le plus important est de le bien remercier de ma part, et je vous supplie de me bien acquitter de cette dette. Quant à l'argent, il ne vous chargera pas beaucoup à apporter ici.

« J'ai profité de vos instructions sur M. Le Veneur. Cela est en train et ira son petit train; car mes affaires n'en connoissent point d'autre. Je crains bien, ou que vous ne me flatiés, ou que votre amitié ne vous ait séduit, quand vous m'avés pris pour le *quidam*, homme de lettres, dont on a fait le portrait à votre dernière assemblée publique. J'avoüe que ma vanité seroit fort contente, si j'avois cette réputation-là, surtout dans ma patrie. Mais comme le génie de cette patrie-là est défiant, je voudrois, pour vous croire, avoir, Dieu me pardonne! un certificat en forme signé du secrétaire de l'Académie. En attendant, je vous supplie d'assurer cette compagnie de mes très-humbles respects.

« Un jeune chanoine de Roüen vient de nous faire beaucoup d'honneur par un excellent panégirique de saint Louis, à l'Académie françoise [1].

« Je vous embrasse de tout mon cœur, mon cher Monsieur, et soupire déjà après votre retour.

« De Paris, ce 1er septembre 1750. »

Cette réponse est la dernière des lettres autographes que renferment les archives de l'Académie de Rouen. Il y a bien encore une très-courte lettre du 22 novembre 1752, adressée à Cideville et sur laquelle on lit de la main de ce dernier : *de la part de M. de Fontenelle*. Mais cette lettre n'est pas écrite par Fontenelle. Atteint de cécité depuis le mois d'avril 1751, il a dû recourir à une plume étrangère. Il y remercie brièvement Cideville du petit tribut annuel que celui-ci continuait de lui envoyer; il lui exprime son vif désir de le revoir. Mais la lettre est empreinte d'un ton général de tristesse qui montre que le poids des années devient bien lourd pour son auteur.

« Je reçus hier, Monsieur, mes premières et peut-estre mes seules

[1] Fontenelle veut parler de l'abbé Poulle. Mais il se trompe en le qualifiant de *chanoine de Rouen*. Il résulte des recherches faites sur les registres capitulaires de la cathédrale par notre honorable confrère, M. l'abbé Colas, bibliothécaire du chapitre, que l'abbé Poulle n'a jamais été chanoine de Rouen. Il n'était pas non plus, en 1750, un *jeune* chanoine; car, né à Avignon en 1702, il avait alors quarante-huit ans.

étrennes, dont je vous suis bien obligé. J'ay eu encore ces jours-cy un plus grand plaisir par rapport à vous. M. l'abbé Du Resnel[1] m'assura que vous reveniés à la fin de l'année. Vous nous faites grace d'un bon mois d'avance, et j'en suis beaucoup plus touché que des pommes même. Adieu, mon cher Monsieur, de tout mon cœur. Mon stile est fort court et fort concis; mais vous savés que j'ay le malheur d'y estre forcé.

« A Paris, ce 22 novembre 1752. »

Bien que nous ne trouvions plus, à compter de cette lettre, de traces de correspondance, il est certain néanmoins que les relations de Cideville avec Fontenelle se continuèrent toujours jusqu'au décès de celui-ci. Le Journal manuscrit de Cideville contient encore, à diverses dates postérieures à cette lettre, des anecdotes, des réflexions, des quatrains qu'il dit tenir de Fontenelle lui-même. Nous avons cité plus haut des vers datés de 1754; voici une observation qui appartient à la même époque[2] :

« M. de Fontenelle m'assuroit, il y a un mois, avoir acquis beaucoup de jugement et de lumière depuis l'âge de soixante ans, et au point qu'il appelleroit de lui avant cet âge à lui ayant passé cet âge. »

Il est, en effet, peu de vieillesses qui se soient accomplies dans des conditions aussi remarquables. Tous les biographes s'accordent à dire que Fontenelle conserva jusqu'à ses derniers moments l'usage presque entier de ses facultés. Son testament, daté du 15 novembre 1752, fut cependant attaqué pour cause d'insanité d'esprit, par un de ses parents, petit-fils du grand Corneille, lequel vivait à Paris dans un état obscur et voisin de la misère. Mais un arrêt du parlement de Paris, du 4 avril 1758, en proclama la validité.

Il mourut le 9 janvier 1757, à cinq heures du soir, en son domi-

[1] L'abbé Du Resnel, né à Rouen, connu par ses traductions de Pope en vers français, était, comme Fontenelle, membre de l'Académie française et associé correspondant de celle de Rouen.

[2] Journal manuscrit de Cideville, p. 230.

cile, rue Saint-Honoré, près l'église des Dames de l'Assomption : il avait vécu cent ans moins un mois et deux jours.

Il serait superflu de rappeler ici les manifestations nombreuses de respect et de sympathie auxquelles donna lieu, dans le monde savant, la mort d'un homme aussi éminent dans les sciences que dans les lettres. Nous nous bornerons à deux citations, qui se rattachent plus particulièrement à notre sujet.

»Voilà Fontenelle mort, écrivait à Cideville le *Suisse* Voltaire, qui habitait alors les Délices; c'est une place vacante dans votre cœur; il me la faut[1]. »

« J'ai toujours oublié de vous demander, lui écrivait-il encore quelques mois plus tard (18 mai 1757), si les trois Académies dont Fontenelle était le doyen ont assisté à son convoi. Si elles n'ont pas fait cet honneur aux lettres et à elles-mêmes, je les déclare barbares[2]. »

Nous n'ajouterons plus qu'un mot. C'est au souvenir pieux de Cideville pour la mémoire de son illustre ami que nous devons la conservation de la correspondance inédite et des divers documents que nous venons de reproduire. Il nous a semblé que cette correspondance méritait, à plus d'un titre, d'être publiée.

[1] Lettre du 9 février 1757. (*Œuvres*, édition Dupont, 1824, t. LX, p. 261.)
[2] *Ibid.* p. 296.

IMPRIMERIE IMPÉRIALE. — 1869.

www.ingramcontent.com/pod-product-compliance
Ingram Content Group UK Ltd.
Pitfield, Milton Keynes, MK11 3LW, UK
UKHW022205190726
13855UKWH00004B/1625

9 782012 988606